PRIMAIRE ET SECONDAIRE

Pourquoi & Comment il faut unifier l'Enseignement

PAR

AIMÉ BERTHOD

Ancien Élève de l'École Normale Supérieure
Professeur agrégé de Philosophie

ÉDITION
DES ANNALES DE LA JEUNESSE LAÏQUE
1906

Prix : 50 centimes

PRIMAIRE
ET
SECONDAIRE

---*---

Pourquoi & Comment
il faut unifier l'Enseignement

PAR

AIMÉ BERTHOD

Ancien Élève de l'École Normale Supérieure
Professeur agrégé de Philosophie

ÉDITION
DES *ANNALES DE LA JEUNESSE LAIQUE*
—
1906

A mon Cher Maitre
Monsieur Georges LYON
RECTEUR DE L'ACADÉMIE DE LILLE
—

En souvenir des causeries pédagogiques
de la rue d'Ulm

Acta, non verba.

Les quelques pages qu'on va lire ont paru d'abord dans les Annales de la Jeunesse Laïque. En nous décidant à les réunir aujourd'hui, telles quelles, nous ne dissimulons pas ce qu'elles ont de fragmentaire et d'incomplet. Pour traiter la question dans tous ses détails, ce n'est pas une petite brochure qu'il faudrait, c'est un gros livre. Mais peu de gens lisent les gros livres, les petites brochures circulent mieux. Et nous voudrions surtout que les idées exposées ici circulent vite et se réalisent.

C'est que nous croyons avoir répondu à la question la plus importante peut-être que se posent, à l'heure actuelle, tous ceux qui s'occupent d'enseignement.

Comment faire pour remédier à cette division profonde qui sépare aujour-

d'hui l'enseignement primaire de l'enseignement secondaire ? Comment y substituer une harmonieuse et riche unité, qui, sans rien supprimer de la diversité et des gradations nécessaires, fasse disparaître les doubles emplois et les impasses et permette à tous les enfants, sans distinction de fortune, d'arriver le plus aisément possible aux fonctions auxquelles leurs goûts et leurs aptitudes les destinent ?

Pour cela, il nous a semblé qu'il n'y avait à faire ni bouleversements ni grosses dépenses. Il suffit d'utiliser habilement et de mettre à leur vraie place les rouages existants. La récente réforme de l'enseignement secondaire et, en particulier, la division de cet enseignement en deux cycles, nous a paru fournir une base excellente pour les progrès ultérieurs. Elle nous a permis surtout de nous bien rendre compte de la situation exacte et du vrai rôle que doit avoir l'enseignement primaire supérieur dans l'ensemble de l'université réorganisée. C'est de ce côté qu'ont porté principalement nos réflexions ; et c'est de ce côté, pensons-nous, qu'on trouvera, je ne dis pas la solution idéale — nous n'avons point une telle prétention — mais la solution aujourd'hui la plus pratique et la meilleure.

Ajouterons-nous que, ce faisant, nous avons la conviction de servir, non seulement l'intérêt général, mais les intérêts particuliers du primaire comme du secondaire, du secondaire comme du primaire. Nous faisons allusion, à plusieurs reprises, aux rivalités déplorables qui semblent se dessiner entre les deux ordres d'enseignement; nous en donnons les causes, et, croyons-nous, nous donnons aussi le remède. Qu'il n'y ait plus, dans l'Université, même une trompeuse apparence de privilèges et de castes, et que, par l'Université, on supprime tout ce qui reste bien réellement, dans la société, de castes et de privilèges. Cette double ambition ne doit-elle pas être celle de tous les démocrates?

Pour qu'un tel résultat soit obtenu, les universitaires de tout ordre peuvent beaucoup, ils peuvent tout. Qu'ils s'unissent surtout, au lieu de se jalouser et de se méconnaître, qu'ils multiplient les congrès mixtes et les associations mixtes. Les heureuses conséquences ne tarderont pas. Un exemple nous l'a prouvé.

C'était dans une pittoresque et vieillotte petite cité du nord de la France. A l'ombre des vieux remparts, au milieu d'une population quelque peu inerte et fermée, une cinquantaine au moins d'universitaires de tout ordre habitaient. Mais ils ne se connaissaient pas. C'est à peine si de rares et lointains saluts s'échangeaient parfois. Un jour pourtant, l'idée vint à quelques-uns d'entre eux de se réunir. Ils se dirent qu'ils auraient sans doute des réflexions et des sentiments à mettre en commun, et que, sans doute aussi, ils pourraient s'aider et se soutenir mutuellement. Il y avait surtout un professeur d'histoire, qui cachait, sous un air trompeur d'indolence maladive, une ténacité d'apôtre et un cœur d'or. Une association mixte fut formée.

Justement, on agitait dans l'opinion l'idée d'une grande fête de l'enseignement laïque. La Ligue de l'Enseignement *faisait une active propagande. Les primaires se préparaient. On en parla au comité : « Et nous, fit un professeur de lycée, n'appartenons-nous pas à l'enseignement laïque ? Pourquoi le secondaire ne prendrait-il pas sa part de la fête ? Pourquoi ne donnerions-nous pas à nos élèves du lycée de garçons ou du collège de jeunes filles l'occasion de fraterniser avec les enfants des écoles primaires ? N'ont-ils pas le temps de se considérer comme appartenant à deux classes différentes — ou ennemies ?... » Le projet fut adopté. A quelles difficultés se heurta l'exécution, quels préjugés il fallut vaincre, c'est ce qu'on devine sans peine. Mais enfin, on réussit. Aujourd'hui, dans la petite ville bourgeoise et guindée, les jeunes « demoiselles » du collège chantaient, avec les normaliennes et les fillettes de « la laïque », le même chant d'enthousiasme et d'espoir, le bel hymne de Bouchor à la réconciliation humaine...*

Ceci n'est qu'un symbole. Mais n'est-ce pas avec des symboles qu'on prépare les hommes aux réalités. Professeurs, instituteurs, situés par le caractère de notre profession en dehors des intérêts matériels qui mettent aux prises nos contemporains, devant être désintéressés et pouvant être indépendants, nous sommes à même, mieux que nuls autres, de dire, au milieu des luttes actuelles, les sincères paroles de justice. Mieux que nuls autres, nous pouvons hâter l'harmonie des classes, non pas, qu'on m'entende bien, en nous efforçant d'endormir par des chansons vieillies les légitimes revendications populaires, non pas en nous faisant les serviteurs ou les soldats d'une classe, mais en nous efforçant de supprimer dans les cœurs et de supprimer dans les choses, dans la mesure où nous le pouvons — et nous pouvons beaucoup — l'existence même des classes. Camarades de tous les ordres d'enseignement, c'est à cette œuvre de paix et d'avenir que nous vous convions. Unissez-vous.

A. B.

PREMIÈRE PARTIE

POURQUOI ET COMMENT IL FAUT UNIFIER L'ENSEIGNEMENT

I

L'Égalité devant l'Enseignement

Notre idéal à nous, jeunes universitaires, est si simple, il nous paraît même, à prendre à la lettre les coutumières déclarations si généralement acceptées, que nous avons, en vérité, quelque scrupule à répéter ici des paroles ayant toute l'allure de banalités. Mais nous avons déjà pu constater, dans notre courte carrière de professeur, qu'il est plus commode de ressasser des phrases généreuses que d'y conformer ses actes ; et nous savons aussi qu'on n'est jamais très sûr d'enfoncer des portes ouvertes, quand ces portes ont pour verrous l'égoïsme et la routine.

Nous désirons donc, d'un mot, *l'égalité devant l'instruction.*

Je me hâte de dire que nous rejetons de cette formule toute chimérique, naïve ou ridicule interprétation. Nous ne demandons pas, pour chaque jeune français, une destinée d'académicien ; nous ne voulons pas davantage, en sens inverse et pour ne point faire de jaloux, qu'on limite pour tous les études au certificat élémentaire. Les facultés des hommes sont diverses et c'est heureux, car les tâches à remplir dans la société sont multiples. Nous nous tiendrions pour satisfaits si notre enseignement, dans la mesure du possible, préparait chacun à la tâche qu'il est le plus apte à remplir.

Or, il est très loin d'en être ainsi. On connaît l'éternel grief. Une organisation fort ancienne et qui reflétait un milieu social tout différent du nôtre, avait jadis scindé notre enseignement en deux parties absolument distinctes, et, encore aujourd'hui, ces deux tronçons ont quelque peine à se rejoindre. D'un côté, l'enseignement gratuit, l'enseignement populaire. De l'autre, l'enseignement payant, disons le mot, l'enseignement aristocratique et bourgeois. Et comme conséquence, trop souvent, d'un côté, des intelligences éveillées, auxquelles la haute culture restait presque irrémédiablement fermée, faute d'argent; de l'autre, des intelligences assoupies, ou peut-être, simplement, des intelligences pratiques, faites pour d'autres œuvres, condamnées, par leur argent, à subir une culture trop élevée ou trop spéciale pour elles, c'est-à-dire une culture pour elles inutile, ou plutôt, puisqu'elle leur faisait perdre leur temps, funeste.

Je simplifie beaucoup; j'exagère même, si l'on veut. Mais enfin, là est le nœud du débat; il faut le mettre en pleine lumière. J'ajouterai, du reste, que cet état de choses, qui répond assez bien à la réalité d'hier, ne répond plus tout à fait à la réalité d'aujourd'hui. L'Université, depuis quelques années, a la bonne fortune d'avoir à sa tête des hommes à qui ne manquent ni le sentiment des besoins de la démocratie moderne, ni la largeur d'idées, ni la volonté d'aboutir. Nous sommes au milieu d'un courant qui emportera, bon gré, malgré, les récalcitrants eux-mêmes. La raison et la justice ont parlé. Tant pis pour qui se bouche les oreilles.

Nous devons achever *la fusion du primaire et du secondaire*.

Qu'on m'entende bien. Je ne viens pas, au nom du primaire, sonner l'olifant pour l'assaut contre l'enseignement secondaire, dont je suis. J'ai entendu proférer cette plainte étrange dans nos lycées : la mode est au primaire, le primaire nous envahit et nous mangera. Peur chimérique ! Ceux-là seuls disparaissent qui ne savent pas s'adapter aux conditions nouvelles de la vie. Professeurs de l'enseignement secondaire, en sommes-nous là ? Ou serait-ce que, dans une société démocratique, la culture secondaire, la culture proprement scientifique ou littéraire n'aurait plus de place ?

Singulière idée, et qui, si elle était vraie, serait le plus grave grief qu'on pût élever contre la démocratie. Que ceux-là reçoivent cette culture supérieure qui sont les plus aptes à en tirer parti, sans distinction de classes ou de fortunes, voilà seulement ce que la démocratie demande. Que perdront les professeurs de l'enseignement secondaire à ce renouvellement de leur clientèle ?

II

L'Unification du Primaire

Il y a pourtant, dans l'organisation actuelle de notre enseignement secondaire, plus d'une anomalie. C'est qu'il a prétendu, à lui tout seul, être à la fois primaire et secondaire. Il tend aussi, nous le verrons, depuis les récentes réformes, à être, pour sa part, primaire supérieur. De là, il faut le reconnaître, des doubles emplois, par suite, des concurrences, des rivalités. Concurrences entre membres de l'enseignement laïque, quelle bizarrerie ! Rivalités de boutiques entre gens qui ont le même but, la même fonction, le même idéal !... Ne nous entendrons-nous pas tous une bonne fois pour faire cesser cette folle querelle ?

*
* *

Donc l'enseignement secondaire a voulu donner, pour sa part, l'enseignement primaire. Il y eut des classes primaires dans les lycées. Utilité pour les études : néant, mais satisfaction donnée à des préjugés sociaux. Certaine bourgeoisie redoute de mêler ses enfants aux enfants du peuple. Oh! il ne s'agit pas toujours de la haute bourgeoisie. J'ai connu, à Paris, un médecin dont la petite fille, âgée de huit ans, allait « à la laïque »; mais la fille de sa concierge, du même âge, n'y allait pas et préférait les bonnes sœurs, à cause des fréquentations!... Restera-t-on longtemps encore esclaves de semblables préjugés? *Tout le monde à l'école primaire*, tel doit être notre mot d'ordre. Plus de classes primaires dans les lycées; et, pour éviter une des conséquences qu'entraînerait inévitablement cette réforme (une recrudescence de faveur pour les maisons religieuses), monopole de l'enseignement primaire.

Sur ce premier point, il est bien vrai, le primaire envahit et doit envahir. Sa cause est gagnée, ou presque. En tout cas, elle ne trouvera nulle part plus que parmi nous des avocats convaincus. C'est qu'il ne s'agit pas ici de l'intérêt des primaires. Il ne s'agit même pas, essentiellement, de l'intérêt des études, aussi bonnes, j'en conviens, au lycée qu'à l'école. Il s'agit d'un intérêt d'ordre plus général, d'un intérêt social. On se moque généralement, à huit ou dix ans, des préjugés de caste. Qui n'a observé les efforts faits par telle mère de famille bourgeoise pour empêcher son bambin d'aller fraterniser, dans la rue, dans le jardin public ou sur la plage, avec « les petits voyous ». Profitons donc de ces heureuses dispositions de l'enfance. Que fils de bourgeois et fils d'ouvriers ou de paysans apprennent, à l'école, à se connaître et à s'apprécier. Que d'idées fausses, que de haines tomberaient ainsi. On me contait récemment cette anecdote : Un jeune homme, de riche bourgeoisie, élève des bons pères, et n'ayant jamais connu les travailleurs que par les récits de son entourage, eut l'occasion, le jour du tirage au sort, de fraterniser avec « ses conscrits ». C'étaient presque tous des ouvriers, dit-il en rentrant à sa maman à demi-rassurée, et pourtant, je t'assure, *ils n'avaient pas l'air mé-*

chants ». Le pauvre ne s'était-il pas figuré qu'il s'en allait chez les barbares ?... Eût-il gardé du peuple, à vingt ans, cette conception rudimentaire, s'il eût fréquenté, à dix, l'école primaire.

.˙.

Mais ce n'est pas tout. Au-dessus de l'école primaire, il y a l'école primaire supérieure. Et voilà que reparaît, sous une nouvelle forme, la concurrence et le conflit. C'était inévitable.

III

L'Enseignement pratique au lycée et la concurrence de l'Enseignement primaire supérieur.

Quand on a créé l'enseignement primaire supérieur, l'enseignement secondaire restait encore, pour la plus grande partie, l'enseignement gréco-latin. C'étaient les anciennes et prestigieuses humanités, destinées, nous disait-on, à faire des hommes distingués, sans plus, et, accessoirement, des journalistes, des hommes de lettres ou des professeurs. Il ne pouvait y avoir nulle rivalité, parce qu'il n'y avait nulle ressemblance entre cet enseignement de luxe, long, coûteux, et par-dessus tout désintéressé, et l'enseignement plus simple, plus terre à terre, plus rapide, plus pratique aussi des écoles primaires supérieures. Mais voilà que l'enseignement secondaire s'est aperçu que cette culture classique dont il était fier, excellente, je veux bien, pour une petite élite intellectuelle, était en réalité désastreuse quand on avait la prétention de l'imposer à la masse de la nation, quand on en faisait la nourriture habituelle (viande creuse) de nos commerçants, de nos industriels, de nos agriculteurs. Voilà que l'enseignement secondaire a voulu devenir pratique à son tour, ou, suivant la formule connue, « adapté aux nécessités de la vie moderne ». Alors allaient surgir de nouvelles difficultés.

Car, du moment qu'on voulait préparer les jeunes gens à la vie active, on comprit ce qu'il y avait dans bien des cas d'anormal et de dangereux à les retenir sur les bancs de l'école jusqu'à dix-huit ou vingt ans, c'est-à-dire jusqu'à un âge où l'on n'est plus apte à entreprendre un apprentissage technique, et où l'on n'est plus disposé à se contenter de ces positions inférieures, par lesquelles il faut débuter dans les carrières industrielles et commerciales. D'autre part, la bourgeoisie commençait à perdre ce ridicule préjugé qu'il n'y a de distinguées que les carrières dites libérales, et se décidait à comprendre qu'il vaut mieux être bon maçon que mauvais poète. Bref, on chercha d'une part à raccourcir le nombre des années de lycée pour ceux qu'attendaient l'usine et le comptoir, et d'autre part à réserver une porte de sortie à ceux qui s'étaient malencontreusement engagés, à dix ans, dans la longue et décevante série de ces humanités pour eux inhumaines. A ce double besoin répondit la récente réforme et la séparation de l'enseignement secondaire en deux séries d'études, en deux cycles distincts (1).

Nous avons donc, nous *devons* donc avoir maintenant dans nos lycées non plus seulement un enseignement moderne, à tendances pratiques, mais un enseignement rapide, donnant aux jeunes gens, entre dix et quatorze ans, tout un bagage de connaissances qui forment à elles seules un ensemble complet, et qui les disposent à entrer, au sortir de la troisième, soit en apprentissage, soit dans quelqu'une de ces écoles d'agricul-

(1) Voir la note de la page 25.

ture, d'industrie et de commerce, dont on s'engageait à multiplier le nombre en les adaptant aux besoins des diverses régions. Tout cela est fort bien ; et nous avons applaudi des deux mains. Mais quelle différence y a-t-il entre cet enseignement moderne du premier cycle, enseignement rapide, enseignement pratique, dont l'aboutissant naturel est aux écoles spéciales, et l'enseignement primaire supérieur. Même but, mêmes tendances, par suite, nécessairement, même clientèle. Comment n'y aurait-il pas rivalité et concurrence ?

Ce qui devait arriver arriva. Un vœu récent, formulé par un journal de l'enseignement secondaire, nous en dit long sur ce point. Il s'agit d'empêcher la fondation d'écoles primaires supérieures dans tous les endroits où il existe un lycée ou un collége...

L'avouerons-nous, ce vœu, dans son allure combative, a commencé par nous indigner. Nous y voyions un signe nouveau, un signe éclatant de ces rivalités détestables, de cet esprit de coterie que nous réprouvions plus haut. Car s'il est un fait qui grandement nous afflige, c'est de voir ces associations qui surgissent aujourd'hui de toutes parts, amicales d'instituteurs et sociétés de professeurs, au lieu de collaborer joyeusement à la défense de leurs intérêts communs, au parachèvement de la tâche commune, se dresser les unes en face des autres dans une attitude de méfiance, d'orgueilleux dédain ou de sourde envie, bientôt peut-être de lutte ouverte. Oh! les torts sont réciproques, la méfiance réciproque, l'étroitesse d'esprit réciproque; je le sais par expérience, et pour les avoir, les unes et les autres, pratiquées. Et pourtant, elles ont un si beau rôle à jouer, si elles le veulent. Faire pénétrer peu à peu, dans l'Université, le goût et l'habitude du *self governement*; rendre impossible l'arbitraire, garantir inéluctablement aux maîtres, à tous les maîtres, leurs droits d'hommes libres et leur dignité. Discuter entre elles l'organisation et les méthodes, échanger les renseignements utiles, échanger aussi les élèves, et assurer, dans l'Université unifiée, ce rationnel classement des capacités qui est la moitié de la révolution sociale. Bref, faire vraiment de l'Université la chose commune des Universitaires, de tous les Universitaires, la rendre juste et secourable à tous, la rendre forte par les initiatives de tous et faire d'elle le rouage fondamental de la société régénérée : voilà le but. Que nous puissions l'oublier, fût-ce un instant, pour nous quereller les uns les autres, c'est ce qui nous paraît insupportable, invraisemblable. Et voilà pourquoi nous avions accueilli d'abord avec quelque mauvaise humeur le vœu de nos collègues.

Cependant, à la réflexion, ce vœu n'est point si sot. Nous disions tout à l'heure que l'enseignement moderne du premier cycle et l'enseignement primaire supérieur tendaient à jouer le même rôle. Alors, pourquoi créer l'un là où l'autre existe déjà ? Ne feront-ils pas double emploi ? Et ce double emploi n'aura-t-il pas maintes conséquences fâcheuses, à commencer par des conséquences budgétaires, qui, apparemment, ne doivent pas être négligées. L'un ou l'autre, n'est-ce pas la même chose ?

Oui, sans doute, mais à une condition, c'est que ce soit *tout à fait* la même chose. Ici encore, une réforme s'impose, la fusion, l'unification.

Je devine les appréhensions que je soulève d'un côté comme de l'autre, chez les primaires comme chez les secondaires. Je m'explique, convaincu de me conformer ici non pas seulement à l'intérêt général — ce qui serait d'ailleurs pleinement suffisant — mais aussi aux intérêts particuliers, quels qu'ils soient, qui sont en jeu.

IV

L'Enseignement Primaire supérieur et le Système des Cycles (1)

Il faut mettre l'enseignement primaire supérieur à sa place naturelle dans le cadre harmonieux de l'enseignement secondaire réorganisé : telle était la conclusion de notre dernier article. Il nous reste à nous expliquer, et à répondre par

---

(1) Rappelons brièvement, pour la clarté de ce qui va suivre, les lignes essentielles de la réforme. L'enseignement secondaire, comprenant sept années d'études, est divisé en deux cycles : le premier, de la sixième à la troisième, le second de la seconde aux classes de philosophie et mathématiques. Le premier cycle doit pouvoir se suffire à lui-même, et former un ensemble complet d'études pour les enfants qui quitteraient le lycée après la troisième. De plus, les enfants ont à choisir, dans chaque cycle, entre quatre genres d'enseignements : 1° Un enseignement *avec grec et latin* — (enseignenent A) — 2° et 3° deux enseignements *avec latin, sans grec*, l'un (enseignement B) faisant prédominer, à côté de l'étude du latin, celle des langues vivantes (latin-

avance aux objections qui ne manqueront pas d'abonder.

*
* *

Je ne demande pas qu'on transforme chacune de nos écoles primaires supérieures en un collége, pas le moins du monde. La tentative serait coûteuse et funeste. Je ne désire pas non plus qu'on fasse de nos colléges autant d'écoles primaires supérieures. Cela pourra se produire dans quelques cas. Mais, généralisée, une semblable mesure marquerait une rétrogradation. Seulement, qu'on y réfléchisse, qu'est-ce, ou plutôt que tend

---

langues), — l'autre (enseignement C) faisant une large part aux sciences (latin-sciences). Enfin, 4° un enseignement *sans grec ni latin*, où domine l'étude des sciences et des langues vivantes (enseignement D; sciences langues vivantes). C'est ce dernier enseignement, correspondant à l'ancien enseignement moderne, qui nous paraît équivaloir, *dans le premier cycle,* à l'enseignement primaire supérieur. Ajoutons qu'en approuvant pleinement les lignes générales de la réforme, telles que nous les indiquons ici, nous faisons toutes réserves sur l'agencement des programmes et la distribution des heures. Nous ne pouvons exposer ici les critiques qui s'imposent.

à être, d'après nos précédentes remarques, une école primaire supérieure ? C'est un fragment de lycée ou de collège, c'est une moitié, ou tout au moins un quart du premier cycle, c'est l'enseignement D, comme on l'appelle, c'est-à-dire *l'enseignement moderne* (sciences-langues vivantes du premier cycle).

Je sais bien qu'il y a, encore aujourd'hui, entre ces deux enseignements que j'assimile, des différences non négligeables. L'enseignement primaire supérieur, plus près du peuple, semble s'être assuré, grâce aux conditions même dans lesquelles il est né, une certaine supériorité du côté de l'éducation professionnelle et technique, éducation que l'enseignement secondaire, par la fatalité de ses traditions et par l'effet des habitudes d'esprit de sa clientèle comme de son personnel, a si longtemps et si malencontreusement négligée. Par contre, l'enseignement secondaire, même dans cette section, si bruyamment méprisée pourtant par les « classiques », semble garder sa vieille et précieuse supériorité pour tout ce qui concerne la culture générale, l'étude approfondie des sciences, des littératures et des civilisations. Bref, chacun de ces deux enseignements rivaux possède les qualités qu'on voudrait voir plus développées chez l'autre. Ce n'est pas la moindre raison qu'on puisse donner pour les unir.

Mais, va-t-on m'objecter, ne peut-on vraiment se passer d'une pareille simplification ? La vouloir, n'est-ce pas céder outre mesure à je ne sais quel besoin superstitieux de logique et d'unité ? N'est-ce pas se montrer victime de cette éternelle maladie de l'esprit français, de l'esprit classique et de l'esprit philosophique ? Pourquoi ne pas garder la riche diversité de l'organisation actuelle ? N'est-ce pas grâce à cette diversité même que notre enseignement pourra le mieux satisfaire à tous les besoins, et que se réalisera le plus parfaitement cette adaptation aux milieux qui fut un des postulats de la dernière réforme ? — N'est-ce pas enfin par sa variété, par sa complexité même que la vie se distingue des creuses abstractions ?

Certes, s'il s'agissait de sacrifier en

quoi que ce soit l'heureuse diversité de l'organisation actuelle, il y aurait là de quoi nous faire reculer. Mais telle n'est pas notre intention. Nous voulons seulement faire remarquer qu'en instituant ce riche et complexe système des cycles — base excellente pour tous les progrès ultérieurs — les réformateurs d'hier n'ont sûrement pas eu l'étrange illusion que dans tous nos lycées, dans tous nos colléges, *tous* les genres d'enseignements qu'ils organisaient devraient nécessairement être représentés. Il faudrait pour cela beaucoup trop de professeurs, à moins d'imposer à quelques infortunés un écrasant, un impossible cumul ; et il faudrait avant toutes choses un bien plus grand nombre d'élèves, à moins de se contenter, pour le vain orgueil d'avoir l'air complet, de classes intermittentes et semi-fictives. C'est pourquoi la spécialisation des établissements apparaîtra de plus en plus comme la solution la plus conforme aux intérêts des élèves et des maîtres, et pour ces établissements eux-mêmes, comme la meilleure garantie de compétence, de force, de prospérité.

Peut-être est-ce parce qu'on n'a pas assez vite compris cette vérité, qu'un certain malaise, en plus d'un endroit, a suivi l'application de la dernière réforme. Mais, par la force des choses, la lumière se fera. Quelques lycées, un tout au plus par département, continueront à donner toutes les sortes d'enseignement ; les autres, et, je crois bien, presque tous les colléges feront un choix. Les uns abandonneront l'enseignement A (enseignement du grec). D'autres renonceront peut-être à tout enseignement du latin. Il faudra tenir compte ici des besoins les plus pressants de la clientèle. Mais notre conviction est que beaucoup de nos petits colléges gagneraient à concentrer ainsi leur effort sur l'enseignement D, quitte à s'annexer des écoles professionnelles et techniques, où la majorité de leurs élèves trouveraient le complément de culture pratique qui leur convient. Le succès même, incontestable, des écoles primaires supérieures, nous semble un argument très fort en faveur de la vérité de ces prévisions. Et nous pourrions citer des principaux de colléges, hommes d'intelligence et d'initiative, qui bravement ont commencé à s'orienter dans cette direction.

Nous nous représentons donc ainsi qu'il suit l'organisation prochaine de l'Université. Au-dessus de l'enseignement primaire, le même pour tous, un enseignement secondaire, où viendrait se fondre, dans la complexité d'un système unique, notre enseignement secondaire actuel et notre enseignement primaire supérieur. Quelques lycées, en petit nombre, représenteraient à eux seuls le système tout entier : les deux cycles, et, dans chaque cycle, les quatre espèces d'enseignement (latin-grec, latin-sciences, latin-langues, sciences-langues). — Je demande pardon au lecteur de lui supposer familiers les détours de ce labyrinthe. Mais, à tout prendre, la complication est moindre qu'on ne s'est plu à le proclamer. — La plupart des colléges se débarrasseraient de telle ou telle section. Beaucoup s'en tiendraient à l'enseignement D (sciences-langues), en gardant toutefois de cet enseignement ses deux cycles, et en continuant à conduire au baccalauréat. D'autres enfin trouveraient avantage à s'en tenir au premier cycle de ce même enseignement D. Ils enverraient leurs élèves, au sortir de la troisième, soit dans un autre collége ou lycée, pour les études du deuxième cycle, soit à l'école technique. Ces colléges ainsi réduits seraient de tout point assimilables aux écoles primaires supérieures. Nous avons montré que celles-ci ont précisément les mêmes caractères et doivent remplir absolument le même rôle.

Ainsi, des suppressions, des simplifications et, du même coup, une vaste et nécessaire unification : voilà tout notre projet. Nous ne demandons au budget de l'État aucun sacrifice nouveau : nous ne lui demandons que de faire des économies. Y a-t-il beaucoup de réformes qui montrent si peu d'exigences ? Sans doute, des suppressions s'imposeraient. Mais en débarrassant l'Université d'organes devenus, au cours de l'évolution, et par suite des modifications des milieux, inutiles ou gênants, nous sommes bien certains de ne rien ôter à l'harmonieuse variété de l'ensemble. Au reste, si la supériorité d'un organisme est en raison du nombre et de la spécialité de ses fonctions, encore faut-il qu'un même sang circule à travers toutes les cellules, qu'une unité supérieure domine tous les détails, et qu'enfin nulle partie ne reste en dehors de la vie commune, dans un isolement mortel à elle-même et aux autres. C'est ce souci d'intime union qui par dessus tout doit nous guider. Quelques remarques encore montreront les heureuses conséquences de notre plan.

Je ne reviens pas sur les avantages généraux que l'école primaire supérieure trouverait dans une collaboration plus étroite et plus cordiale avec l'enseignement secondaire, lequel trouverait d'ailleurs, dans ce rapprochement, des avantages inverses et parallèles. Mais il existe, pour l'école primaire supérieure actuelle, un fait extrêmement fâcheux. S'il est excellent qu'elle soit franchement orientée vers l'enseignement pratique et professionnel, il est tout à fait regrettable qu'elle se voie si complètement fermer la porte du haut enseignement universitaire. Ne se trouve-t-il pas plus d'un cas où des adolescents, au cours des études primaires supérieures, se révèlent comme vraiment doués pour la forte culture, et comme devant avoir leur place, plus tard, dans le deuxième cycle des lycées ou dans les Universités? Or, avec le système actuel, des difficultés considérables les empêchent de franchir cet arbitraire fossé qui sépare le secondaire du primaire supérieur. Sans doute, ces difficultés ne sont pas insurmontables. Un assez grand nombre d'élèves passent dès aujourd'hui des écoles primaires supérieures dans les lycées et les colléges. (Et ce serait même un très grand service que nous rendraient les administrations universitaires en faisant faire des enquêtes précises sur ce point). Cependant il n'est pas exagéré de dire qu'un pareil changement d'études suppose toujours de très gros efforts et une grande perte de temps. Et pourtant ce ne sont que des raisons de fortune, presque toujours, qui ont fait opter l'enfant, à dix ans, pour l'école primaire supérieure. Et ce sont ces raisons-là, on nous comprend bien, que nous voulons annihiler dans la destinée de nos enfants. Qu'on réalise donc l'assimilation proposée par nous, et tout bon élève d'école primaire supérieure, entrant d'emblée, à la sortie de cette école, en seconde D, arrivera en deux ans au baccalauréat, et verra s'ouvrir devant lui la haute culture, tout comme s'il avait commencé ses études au lycée.

Ainsi, pour l'école primaire supérieure, avantage évident. Mais cet avantage est-il obtenu au détriment des lycées et colléges? Bien au contraire. Un administrateur, à qui je parlais, il y a quelque temps, de cette suppression, depuis si longtemps réclamée, des classes primaires dans les lycées, m'objectait les difficultés qui pourraient en résulter pour le recrutement de ces lycées eux-mêmes. Il me montrait les instituteurs moins soucieux souvent de diriger leurs bons élèves vers les lycées, que de les garder auprès d'eux le plus longtemps possible, par sympathie ou par vanité, et, le jour où ils se décident à s'en séparer, les dirigeant de préférence vers les écoles primaires supérieures, prolongement naturel de l'école primaire. Je ne veux pas examiner en détail le bien fondé de ces plaintes. Mais qui ne voit que la principale raison de ces difficultés éprouvées par le secondaire à recruter des élèves dans le primaire vient précisément de la séparation artificielle qu'on persiste à maintenir entre les deux enseignements, c'est-à-dire, d'une part de l'existence des classes primaires dans les lycées, et d'autre part, de ce fait que l'école primaire supérieure, véritable impasse pour quelques-uns de ses élèves, reste en quelque sorte en marge de l'organisation universitaire. Qui ne voit que les meilleurs élèves de l'enseignement primaire viendraient naturellement remplir nos lycées, le jour où tous les enfants passant par l'école primaire, et l'école primaire supérieure n'étant elle-même qu'une branche de l'enseignement secondaire, une comparaison rationnelle et une sélection vraiment naturelle ou plutôt vraiment humaine s'opérerait entre tous ces enfants, au lieu de la sélection artificielle et brutale qu'opère aujourd'hui l'argent. Et quel est enfin le professeur de lycée qui n'a fait le rêve d'avoir dans sa classe, au lieu des plus riches, si pauvres d'esprit qu'ils fussent parfois, uniquement les mieux doués et les plus laborieux ?...

*
* *

Mais nous n'avons pas la prétention de passer en revue toutes les conséquences du changement que nous appelons de nos vœux, ni toutes les objections que l'on pourrait nous faire. Nous aurons sans doute l'occasion d'y revenir et nous espérons que nos lecteurs eux-mêmes, par leurs observations et leurs critiques, nous y provoqueront. Il y a là matière à de longues et délicates controverses. Ce sont des questions comme celles-là que nous voudrions voir discuter dans nos assemblées de professeurs, dans nos amicales d'instituteurs et plus encore dans ces associations mixtes de professeurs et d'instituteurs dont nous ne cesserons de préconiser la formation. La tâche de la jeunesse laïque est immense.

Si nos pères ont fondé la République, c'est à nous de l'organiser. Dans la République, c'est à la jeunesse universitaire qu'il appartient avant tout d'organiser l'enseignement; son premier souci, si elle veut réussir, doit être d'anéantir, devant l'enseignement, tout ce qui subsiste des distinctions de classes. A plus forte raison faut-il les supprimer dans l'enseignement lui-même. *Universalisons l'Université.*

DEUXIÈME PARTIE

COMPLÉMENTS ET DISCUSSIONS

I

L'Autonomie du Primaire ou l'Unification de l'Université

Nos lecteurs ont pu lire, dans un récent numéro de *Pages libres* (1), une substantielle étude de M. Daniel Vincent sur « L'Autonomie de l'enseignement primaire ». Dans une courte préface, M. Charles Guieysse, sous ce titre : « Primaires et Secondaires », rappelle

(1) Note du 19 juin 1905.

en quelques phrases les divisions, et si le mot n'est pas trop gros, le conflit sur lesquels nous avons insisté nous-mêmes dans les *Annales*. Je cite :

« Entre les maîtres de l'enseignement primaire et les maîtres de l'enseignement secondaire, un antagonisme existe que les Congrès mixtes mettent en évidence bien plus qu'ils ne l'atténuent, ainsi qu'on voudrait. Les secondaires, en effet, tiennent les primaires en tutelle, et les primaires veulent se mettre hors de tutelle. » Et constatant que cet antagonisme est naturel, parce que les primaires sont une force qui « cherche à s'appliquer », M. Guieysse continue : « Sur quoi il y a à dire seulement, c'est sur l'application que les primaires veulent faire de leur force. On voit tout de suite deux buts qu'ils peuvent poursuivre :

« Un premier but serait la conquête de l'Université, telle qu'elle est aujourd'hui. C'est ce que, je crois, le plus grand nombre des primaires voudraient faire : ils voudraient unifier l'enseignement, donner à l'Université une unité que Napoléon lui-même n'a pas songé à lui donner. Ils ne sont plus belliqueux, mais ils sont toujours jacobins ; ils entendent être les maîtres de la démocratie, laquelle doit être « une » ; le secondaire, pour eux, ne saurait exister à l'état distinct, il ne peut être que le prolongement de l'enseignement primaire et doit être ouvert à tous les enfants ; tous les jeunes citoyens doivent pouvoir recevoir l'enseignement selon un programme uniforme, et se présenter au baccalauréat. La lutte des primaires et des secondaires aboutirait ainsi à la disparition des uns et des autres et à la formation d'un enseignement unique, vraiment national.

« Mais elle peut avoir un autre but, c'est celui qu'indique Daniel Vincent dans l'article que nous publions ci-après. Ce but serait l'autonomie de l'enseignement primaire, son entière indépendance à l'égard de l'enseignement secondaire, lequel continuerait à exister de son côté et formerait les enfants selon ses méthodes propres. Dans ces conditions, on ne se préoccuperait plus d'une unité nationale, ou du moins on ne demanderait plus à l'enseignement de la former ; on dégagerait l'école des préoccupations politiques.

« Entre ces deux tactiques, nous ne saurions, quant à nous, hésiter un instant. C'est en faveur de l'autonomie de l'enseignement primaire que nous voudrions pouvoir agir efficacement. »

Nous avons tenu à reproduire tout au long ces paroles. C'est qu'elles forment un singulier mélange de choses que nous approuvons des deux mains et de choses qui nous choquent. Nous ne savons si M. Guieysse a connu les articles que nous avons publiés ici, et quelle est cette conception jacobine à laquelle il s'en prend. Mais nous pouvons l'assurer bien haut qu'elle n'est pas la nôtre. Et pourtant il est bien vrai que nous voulons travailler de toutes nos forces à établir l'union, et même si l'on veut l'unité dans l'enseignement national ; il est bien vrai que nous considérerions comme déplorable toute mesure qui, au lieu d'atténuer les divisions actuelles, les accentuerait ; il est bien vrai, par suite, qu'entre la conception de M. Daniel Vincent, et surtout celle de M. Ch. Guieysse, et la nôtre, bien que l'opposition soit moins grande, beaucoup moins grande que ne le croit M. Ch. Guieysse, cette opposition existe. Nous voudrions donc, clairement et courtoisement, nous en expliquer. Et, quand nous aurons dissipé certains malentendus, quand nous aurons rassuré M. Ch. Guieysse sur certaines conséquences supposées de l'unification universitaire, qui inquiètent à juste titre son esprit soucieux de liberté, nous ne désespérons pas de le voir se montrer plus hésitant dans son choix. Avouons-le, cela nous affligerait particulièrement dans la propagande que nous avons entreprise pour une idée où nous voyons l'avenir certain de l'université démocratique, d'avoir contre nous l'influence si réelle et si légitimement acquise de *Pages Libres* ; nous avons confiance que cette fâcheuse opposition ne se produira pas.

***

D'abord, nous ne mettons aucune difficulté à le reconnaître, il y a d'excellentes choses, et tout à fait pratiques, dans l'étude de M. Daniel Vincent. Tout au plus lui reprocherions-nous de s'être placé, tout au moins en son début, au point de vue trop étroit des intérêts professionnels, ou, comme il dit, des intérêts corporatifs. Assurément, ces intérêts ne doivent point outre mesure être négligés. Mais, dans ces questions délicates, où primaires et secondaires sont aux prises, un seul moyen nous reste de nous mettre d'accord, c'est de nous oublier un instant nous-mêmes pour n'envisager que l'intérêt bien compris de nos élèves, c'est-à-dire l'intérêt du pays.

Nous plaisantions, dans nos récents articles, ceux de nos collègues des lycées qui se lamentent comiquement sur l'envahissement du primaire. Voici le son de l'autre cloche. C'est l'envahissement du secondaire ; ce sont les licenciés qui prennent place dans les écoles primaires supérieures, les écoles normales primaires, les inspections primaires. Invasion d'un côté, invasion de l'autre, confusion!... C'est fusion peut-être qu'il faudrait dire, et peut-être serait-ce la paix.

Mais, je me hâte de le déclarer, ce point de vue ne reste qu'un instant celui de M. Daniel Vincent. « Si nos seuls intérêts corporatifs se trouvaient lésés, écrit-il, par le fait d'une telle organisation où l'abus est érigé en loi, je n'aurais pas cru pouvoir les défendre dans *Pages Libres*. Mais l'école en souffre, elle aussi ; l'enseignement primaire est incertain de sa voie et perd en visées inutiles le meilleur de ses efforts ». C'est ici qu'est, à notre avis, tout l'intérêt du débat. Et c'est sur ce point que nous désirons insister parce qu'il y a là une question, où nos vues personnelles, à travers une rapide et schématique exposition, pourraient apparaître comme très évidemment contradictoires avec celles de M. D. Vincent, alors qu'elles sont assurément différentes, mais que cependant nous croyons avoir tenu compte à l'avance de tout ce qu'il y a dans ses arguments de solide et de fort.

M. D. Vincent constate donc comme nous l'assimilation qui tend fatalement à se produire — qui se produira quoi qu'on veuille — entre l'enseignement primaire supérieur et une partie au moins de l'enseignement secondaire. Mais, tandis que ce rapprochement nous réjouit, on sait pourquoi, il afflige au contraire M. D. Vincent. Et ce n'est pas seulement parce que les licenciés envahissent ainsi des fonctions qui paraissaient naturellement destinées aux primaires, mais c'est bien plutôt parce qu'un certain esprit secondaire tend à s'insinuer par cette voie dans l'enseignement primaire supérieur, au risque, nous dit M. Vincent, de lui faire perdre son caractère original et son utilité. Qu'en penser? Nous avions, au contraire, considéré comme très désirable cette influence mutuelle des deux enseignements l'un sur l'autre. Nous souhaitions que le secondaire emprunte au primaire supérieur quelque chose de son esprit pratique et surtout de son caractère concret ; et nous souhaitions aussi que le primaire supérieur emprunte au secondaire quelque chose de sa largeur de vues, et, si j'ose employer ce mot discrédité, de sa culture générale. Il nous faut préciser, car il y a bien quelque chose de fondé dans les craintes de M. Vincent, et nous voudrions pourtant convaincre nos lecteurs qu'il y avait dans nos déclarations sur ce point autre chose que des précautions oratoires.

Ce que ne voudrait pas M. Vincent, ce qui serait en effet absurde et déplorable, ce serait que nos écoles primaires supérieures, par une imitation maladroite de ce qu'il y avait de plus caduc dans l'ancien enseignement secondaire, renonçassent à leur caractère d'utilité pratique, à leurs travaux techniques, et à cette adaptation aux besoins des diverses régions, qui est ce qu'il y a de plus heureux en elles, et qui fait leur succès. Il faut rejeter toute uniformité stérilisante ; et si telle est l'intention de M. Charles Guieysse, condamnant sommairement l'unité jacobine, nous sommes pleinement de son avis. Il faut se garder aussi, — puisqu'il serait suprêmement insensé de vouloir donner à tous les enfants, quelle que doive être leur fonction, le même degré et la même espèce d'instruction — il faut se garder d'organiser notre enseignement national de telle sorte qu'il ne puisse être utile qu'à une petite élite, quitte à gâcher inutilement le temps de la grande masse. Nous avons vu jadis, dans un petit collège de province, des enfants destinés à devenir à 13 ou 14 ans vignerons ou laboureurs, ânonner pendant deux ou trois ans les éléments de la grammaire latine, répéter automatiquement pendant des mois *rosa, rosæ* ou *dominus domini*, parfois même se hausser jusqu'à la conjugaison des verbes grecs... pour en rester là ! hélas ! On ne voudrait pas croire à de pareils contresens pédagogiques si on ne les avait pas constatés. Il est évident qu'ils ne doivent pas se reproduire. Les hautes études classiques ne peuvent avoir de l'intérêt que pour ceux qui les poursuivent jusqu'au bout. Pour la grande masse, il faut autre chose. C'est sans doute ce que voulait dire le député Couyba, quand, dans un éloquent discours, il déclarait : « C'est par l'enseignement primaire supérieur que se fera, j'en ai la conviction, la réorganisation de l'enseignement public en France. » Et c'est le sentiment des mêmes nécessités qui dirigeait, nous l'avons montré, les auteurs de la dernière réforme de l'enseignement secondaire quand ils imaginaient le système des cycles, et en particulier quand ils organisaient l'enseignement D (sciences, langues vivantes). Le premier cycle D, analogue à l'enseignement primaire supérieur, souple, infiniment varié, utile et concret, voilà l'enseignement de l'avenir. MM. Guieysse et Vincent voient combien nous sommes, sur ce point, de leur avis.

Pour les mêmes raisons, nous aurions beaucoup à louer dans certaines critiques relatives à l'élaboration des programmes, trop souvent préparés de haut et de loin par des « hommes d'école » insuffisamment renseignés souvent sur les besoins particuliers des différents pays. M. Vincent nous cite comme un exemple à imiter le conseil départemental des Basses-Pyrénées, où un docteur est appelé à donner son avis sur l'enseignement de la gymnastique et le professeur départemental sur celui de l'agriculture. Et il indique fort justement qu'on pourrait faire davantage. « L'article 49 de la loi organique et la circulaire du 20 septembre 1898 relative à l'enseignement de l'agriculture, invitent en effet les conseils départementaux à appeler devant eux pour leur demander conseil les personnes dont l'expérience pratique peut être utilement consultée. L'indication est assez large pour que puissent prendre part à ces délibérations les représentants du travail, membres des chambres de commerce et d'agriculture, délégués des syndicats professionnels d'ouvriers et de paysans. Et voilà le lien, faible et lâche encore, entre l'école et la société, qu'il faut utiliser et renforcer pour fortifier l'école, la nourrir, l'activer de tout ce que le milieu où elle vit lui apportera de critiques et d'indications. » On ne saurait mieux dire. Et nous rappellerons à ce propos qu'il existe quelque chose de ce genre dans les écoles professionnelles d'arts et métiers. Par un décret du 5 janvier 1901, un homme d'une haute intelligence, M. Millerand, annexait à chacune de ces écoles un « Conseil de perfectionnement » comprenant, outre le Préfet, président, le directeur, le sous-directeur et l'ingénieur, qui sont membres de droit, des représentants élus des professeurs et des chefs d'ateliers, et douze membres choisis parmi les industriels de la région, et s'il est possible parmi les anciens élèves de l'école. N'y a-t-il pas là une idée féconde qu'il faudra généraliser ?

Mais gardons-nous de tout excès ; nous voulons un enseignement utile, un enseignement pratique et concret. Mais nous regretterions fort cependant que cet enseignement s'interdise d'une manière absolue « les longs espoirs et les larges pensées ». Nous voulons qu'il fasse des producteurs, comme le désire M. Guieysse ; mais nous ne trouvons nullement mauvais, nous croyons, au contraire, nécessaire qu'il fasse aussi des citoyens. Et depuis quand les deux choses sont-elles incompatibles? Surtout nous ne voulons pas qu'il fasse des machines, des outils au service d'une classe dirigeante. Nous voulons qu'il fasse des hommes. Au reste, n'est-il pas vrai qu'il n'y a déjà presque plus de classe dirigeante! Il ne doit plus y en avoir. Dans la cité démocratique, chaque homme se dirige lui-même et participe par lui-même à la direction des affaires communes, des affaires politiques et des affaires économiques. Peut-il donc se passer d'idées générales, de culture civique et de cette habitude de l'observation et de la réflexion qui vaut mieux que l'accumulation mécanique des connaissances inertes? Évidemment, ni M. Vincent, ni M. Guieysse lui-même, en dépit de formules assez étranges de sa part et sur lesquelles nous ne voulons pas insister, ne peuvent avoir une semblable opinion. Mais alors, il ne peut plus être question de « couper toute relation » du primaire au secondaire; et de même que le primaire peut avoir une influence heureuse sur le secondaire, il a beaucoup à gagner d'autre part à se mettre à l'école de celui-ci.

Car si le secondaire a péché parfois par un culte excessif de la forme, des idées générales, de la culture désintéressée, le primaire, il faut bien le dire aussi, fut trop exclusivement dominé, à l'origine tout au moins — car les choses ont beaucoup changé déjà — par le désir d'être utile, de donner des recettes pratiques, au point d'oublier un peu que la mission essentielle du maître, ce n'est pas, après tout, d'emplir la mémoire, mais d'élargir et de fortifier l'esprit. Le secondaire pourra l'en faire souvenir. « Au fond, dit un des hommes les moins suspects de tendresse pour les vieilles humanités, M. G. Lanson, l'esprit secondaire consiste en une chose très simple : ne pas s'inquiéter seulement de transmettre du savoir, ne pas s'inquiéter seulement de dresser à la pratique d'une méthode, mais regarder toujours l'esprit qui reçoit en même temps que la science qu'on donne, observer comment il le reçoit, la réaction de cette acquisition sur sa santé générale et sur sa force. En d'autres termes, le propre de l'enseignement secondaire est que rien ne s'y fait qui ne doive être considéré du point de vue de l'hygiène et de la gymnastique de l'esprit. » Que le primaire, qui a commencé à le comprendre, se pénètre de plus en plus de cette vérité. Cela ne l'empêchera pas d'être utile, car toute espèce d'enseignement, le plus technique même, offre l'occasion d'éveiller l'initiative intellectuelle ; et toute espèce d'enseignement peut donner matière aux larges vues par lequel l'enfant reconnaît sa place dans la société où il vit et acquiert le sens de la solidarité humaine. Toute espèce d'enseignement peut avoir sa haute et féconde philosophie.

Nous n'insistons pas. Ces graves sujets appelleraient bien des réflexions encore. Mais nous avons abusé déjà de la patience de nos lecteurs. En présence d'une solution différente de la nôtre, nous tenions à dire surtout sur quels points nous sommes d'accord avec ses auteurs. Nous indiquerons seulement, pour terminer, l'objection essentielle qui condamne irrémédiablement toute tentative d'autonomie séparatiste de la part du primaire, c'est l'idée qui dominait nos précédents articles, à savoir que, dans une démocratie, si tous ne doivent pas recevoir le même enseignement, si l'enseignement doit être adapté aux diverses fonctions, il faut aussi que les fonctions soient attribuées uniquement aux plus capables de les remplir, quelle que soit leur naissance, quelle que soit leur fortune. C'est pour cela que l'enseignement secondaire, pour reprendre les formules de M. Guieysse, ne peut être que le prolongement de l'enseignement primaire et doit être ouvert à tous les enfants. » Il s'agit moins ici d'une question d'intérêt professionnel que d'une question sociale ; c'est, nous l'avons dit, la moitié de la question sociale. Et puisque M. Vincent se réclame à plusieurs reprises de la haute autorité de M. Buisson, nous rappellerons que, pendant la fameuse enquête Ribot, l'ancien directeur de l'enseignement primaire, interrogé sur la possibilité et l'opportunité de joindre directement le primaire supérieur au deuxième cycle des lycées, déclara : « Cela me paraît un des plus grands besoins de la France scolaire en ce moment. C'est un meurtre, ajouta-t-il, de laisser ainsi en détresse de braves enfants de la classe moyenne, faute d'avoir mieux aménagé les transitions et ouvert à chacun sa voie ; dans un système d'établissements scolaires bien gradués et bien hiérarchisés, il ne doit plus y avoir d'impasses. »

Il y en a toujours. Quel Hausmann mettra la pioche dans ce labyrinthe ?

II

La Gratuité du Secondaire et l'Encombrement des Carrières libérales

La publication du rapport Massé et la discussion prochaine du budget de l'Instruction publique ont de nouveau posé devant l'opinion le pressant problème sur la gratuité de l'enseignement secondaire. Comment faire pour ouvrir à tous ceux dont l'intelligence le réclame, l'enseignement secondaire d'abord, et, par lui, l'enseignement supérieur ? Comment résoudre, sur ce point particulier, où elle se montre à la fois si précise et si choquante, cette douloureuse question d'argent qu'est la question sociale ?

Sans doute, s'il ne s'agissait que de construire, pour l'avenir lointain, l'idéale cité de justice, nous ne serions guère embarrassés. Que l'enseignement public soit gratuit à tous les degrés ; mieux que cela, que la société fournisse aux mieux doués de ses enfants tous les moyens matériels d'en user; qu'elle les nourrisse, les loge et les habille s'il le faut; quoi de plus simple? Malheureusement, c'est pour l'avenir immédiat, c'est pour demain, c'est pour aujourd'hui que nous voulons une réponse; nous ne pouvons négliger les nécessités actuelles; elles tiennent en ce mot impérieux : « le budget ». Quel ministre des finances voudrait, lequel pourrait, dans la France présente, en face de l'Europe présente, décréter, dans l'enseignement, l'universelle gratuité. Soyons-en sûrs, les plus hardis, les plus généreux nous renverront au jour béni où nous n'aurons plus à payer des cuirassés et des canons. Ce jour, hélas ! — les angoisses actuelles le disent trop — n'est pas venu.

Au moins, à défaut de cette solution idéale aujourd'hui encore impossible, ne pourrait-on pas, avec des bourses libéralement distribuées, obtenir un résultat à peu près équivalent. Après tout, il n'est pas indispensable que ceux qui peuvent payer ne payent pas. L'important, c'est que ceux qui ne peuvent pas payer ne voient pas, pour cette raison tout accessoire et matérielle, arrêté leur élan joyeux et stérilisées leurs heureuses dispositions naturelles. Donnons donc des bourses. Ce n'est, à coup sûr, dans notre société d'inégalité et de privilège, qu'un expédient. Mais n'est-ce pas avec des expédients de ce genre que nous trompons chaque jour notre impatience, tandis que vient — indécise et si lente — la justice.

Nous aurions cependant, sur un système de bourses, même généralisées, bien des réserves, bien des observations importantes à faire.

*
* *

D'abord, quelque paradoxal que cela paraisse, il convient que ces bourses soient données au concours, sans tenir compte aucunement des fortunes. Nous n'avons nulle croyance superstitieuse en la vertu magique, en l'infaillibilité des concours. Mais c'est là un point où l'expérience des vieux administrateurs, au cours de conversations intimes, nous éclaira et modifia nos idées : le concours est actuellement l'unique moyen d'écarter la faveur, l'intrigue, tout ce que cache d'injustices et de malpropretés ce mot d'un si fréquent usage : « les influences ». N'est-ce pas un proviseur, esprit modéré et prudent, qui nous contait l'histoire d'une bourse revendiquée à la fois par deux enfants, et donnée, grâce à cette part d'arbitraire que laisse au gouvernement la considération des fortunes, au moins intelligent et au *plus riche* — qui n'était probablement pas au reste le plus républicain — parce que son père était un gros électeur de l'endroit. Le concours seul nous débarrassera, là où elle n'a que faire, de la politique — cette plaie.

Mais, s'il en est ainsi, la nécessité s'en suit, pour que nulle capacité méritante ne soit éliminée, de multiplier le nombre des bourses. Et, de nouveau, le même obstacle va se dresser devant nous, le mur infranchissable, le budget.

Il y a d'ailleurs dans l'organisation actuelle, d'autres difficultés.

Pour profiter pleinement, sans perte

de temps ni perte d'efforts, de notre enseignement secondaire, tel qu'il est aujourd'hui constitué, il est indispensable que l'enfant entre de très bonne heure au lycée. Normalement, pour arriver à quinze ans en « première » et passer à seize ans la première partie du baccalauréat, il faudrait qu'il commence la sixième à dix ans. C'est donc à dix ans qu'on devra placer le concours pour l'obtention des bourses. Mais que d'inconvénients ! Comment décider, dans un âge si tendre, de la destinée des jeunes gens ? Que d'erreurs possibles ! que d'intelligences sacrifiées, à cause de leur éclosion tardive, et qui pourraient offrir plus tard de magnifiques épanouissements; et que de petits prodiges, jeunes perroquets bien stylés par des parents judicieux, révèleront, dans deux ou trois ans, leur inanité d'aspirants fruits secs ! Et si l'on répond qu'on accordera beaucoup de bourses, parce qu'il vaut mieux pécher par excès que par défaut, et qu'on pourra toujours plus tard supprimer les plus mal données, la même objection se présente toujours : le budget !

Et puis, ne se sent-on pas pris de quelque pitié pour ce pauvre bambin qu'on veut, à dix ans, arracher à la vie de famille, pour lui faire manger la rude pâtée du phalanstère universitaire. Car, remarquons-le, les lycées et colléges sont et seront toujours en nombre limité, d'abord parce qu'ils sont coûteux, ensuite parce que le nombre restreint des jeunes gens que leurs goûts et les besoins nationaux destinent à la haute culture empêchera toujours, en dehors de toute considération budgétaire, qu'on les multiplie à l'infini. C'est dire que la plupart des lauréats de nos concours, ne pouvant recevoir sur place l'enseignement qu'ils réclament, verront se refermer sur eux, loin du pays et du foyer, la sombre porte de l'internat. Je ne veux pas insister, après d'autres, sur les dangers multiples ou spéciaux que présente cette vie anormale de moines précoces et sans vocation, à laquelle on soumet encore une si grande partie de la jeunesse française. Je reconnaîtrai même qu'elle peut, à un certain âge, n'avoir pas que des inconvénients, que, loin des douceurs familiales, cette rude et laborieuse vie peut tremper le caractère et habituer le jeune homme, à qui manque le chaud réconfort des consolations maternelles, à compter surtout sur lui-même et à regarder la vie en face. Mais, de grâce, qu'on ne lui impose pas trop tôt cette épreuve; qu'on lui épargne les blessures longues à guérir et les défaillances pénibles à réparer. Et qu'une bonne fois et franchement on l'avoue, sans les amnésies familières aux vieux académiciens, personne ne se fût jamais avisé d'appeler ces années-là le meilleur moment de la vie!...

Ce qu'il faudrait, dans l'intérêt des jeunes gens, des familles et du budget, c'est que, jusqu'à quatorze ans environ, l'enfant pût trouver sur place un enseignement qui, sans le condamner obligatoirement à la culture supérieure, la lui rende possible pourtant, de sorte qu'à cet âge il puisse, s'il en est digne, s'y engager définitivement. Qu'on reporte à quatorze ans l'examen pour les bourses; qu'à cet âge seulement commence, pour ceux qu'il menace, l'attristant internat;

n'est-ce pas que tout le monde en vaudrait mieux ? n'est-ce pas qu'on pourrait, distribuant les bourses pour moins de temps, les distribuer plus nombreuses, et, choisissant les boursiers plus tard, quand déjà on sait ce qu'ils valent, les choisir mieux ? N'est-ce pas que ce serait, sinon cet idéal, qui, on le sait, n'est pas de ce monde, au moins la solution la plus satisfaisante ?

Or, cette solution serait toute simple et tout aisée, si, conformément à des vues que nous avons précédemment exposées dans les *Annales*, on voulait utiliser, en le remettant à sa place dans l'ensemble de notre organisation universitaire, notre enseignement primaire supérieur. Si, comme nous l'avons montré, chaque école primaire supérieure n'est autre chose qu'un fragment de lycée ; si chacune correspond très exactement à cette partie du premier cycle (enseignement D, sciences-langues vivantes), où l'on a renoncé, en faveur des sciences et des langues vivantes, à la culture grécolatine ; si, par suite, il est possible, s'il est nécessaire que chaque école primaire supérieure, comme l'enseignement moderne du premier cycle, ouvre d'emblée la porte du deuxième cycle des lycées, n'est-il pas manifeste que, pour permettre à tous la haute culture, il suffit d'organiser, à l'issue du premier cycle des lycées et à l'issue des écoles primaires supérieures, un vaste système de bourses, qui, parmi les élèves de tous ces enseignements qui s'équivalent, choisisse les mieux doués et les plus travailleurs. Mais jusque-là, dira-t-on, ne faudra-t-il pas déjà des bourses! Sans doute, mais combien moins coûteuses, simples secours le plus souvent, à des élèves continuant à vivre dans leur famille et trouvant près de la maison l'enseignement qu'il leur faut. Il n'est presque pas de canton en France qui n'ait ou ne puisse avoir collége, lycée ou école primaire supérieure. Qu'on évite les doubles emplois et qu'on réalise ainsi des économies. De la sorte, dans les cas rares où l'élève ne trouvera dans son propre pays aucun de ces divers enseignements, il sera plus facile encore de lui venir en aide.

En résumé, nous avons, dans notre organisation universitaire actuelle, tout ce qu'il faut pour qu'aisément on satisfasse les aspirations essentielles de la démocratie, pour que, sans grosses dépenses nouvelles, l'enseignement répande à flots sa lumière dans toutes les parties du pays, pour que, la plus petite part étant faite aux hasards de la fortune, dans toutes les parties du pays chaque enfant soit dirigé sans à-coups vers la fonction qu'il est le plus apte à remplir. Nous le répétons, toutes les fonctions sont également nobles, à condition qu'on les remplisse bien. Nous n'avons nulle superstition en faveur des carrières dites libérales. Un bon cordonnier vaut un bon professeur. Et, si nous demandons que toutes les carrières soient ouvertes à tous, ce n'est pas parce qu'il y a des carrières brillantes et des carrières obscures, de belles professions et de sots métiers, c'est parce qu'une machine ne fonctionne bien que si chaque rouage est à sa place. Il y a, dans notre machine sociale, à la fois trop de rouages inutiles et trop de forces perdues.

*
* *

Nous devons insister sur ce point. Il est en effet une objection qu'on n'a pas manqué de nous opposer. « Vous voulez ouvrir à tous, nous dit-on, la haute culture universitaire, ouvrir à tous, par conséquent, les carrières libérales. Mais ces carrières sont déjà trop pleines ; et cependant, le commerce est délaissé, l'industrie se languit, et l'agriculture, monsieur, l'agriculture manque de bras ! » Moins que personne, nous ne voulons faire fi de cet argument. Nous aussi nous croyons que les carrières libérales sont encombrées; qu'un trop grand nombre d'entre elles ne sont plus qu'un vaste *refugium peccatorum*, le déversoir des incapacités vaniteuses et des prétentieuses inutilités dont surabonde la haute et la moyenne bourgeoisie. Nous savons que là surtout sont les rouages superflus qui alourdissent la machine et risquent à chaque instant de la détraquer. Et nous souhaitons qu'on supprime ces rouages. A chacun la fonction à laquelle il est apte; mais pas de fonctions inutiles. Et, puisque nous parlons ici du haut enseignement universitaire, qu'il s'ouvre à ceux-là qui sont les plus aptes à le recevoir, mais à ceux-là seulement. Je m'explique.

Ce qu'il y a peut-être de plus heureux, je l'ai dit déjà, dans la récente réforme de l'enseignement secondaire, c'est qu'en le partageant en deux cycles d'études, on a laissé une porte de sortie aux jeunes gens qui, vers la quatorzième année, ayant mieux compris leurs goûts réels et leurs aptitudes, renonceraient aux études supérieures et au baccalauréat. On leur donne aujourd'hui un diplôme d'études du premier cycle, et ce premier cycle est organisé — ou devrait l'être — de façon à ce qu'il puisse, dans tous les cas, se suffire à lui-même. C'est là une idée excellente. Mais il faut faire davantage. Il ne suffit pas d'ouvrir une porte de sortie à la fin du premier cycle, il faudrait fermer plus sévèrement la porte d'entrée qui mène au second cycle. Il faudrait qu'un examen sérieux arrête au passage tous les jeunes gens qui se sont montrés, dans les précédentes années, insuffisants ou paresseux, et qui ne sauraient en rien profiter de ce nouvel ordre d'études. C'est une idée que nous avons déjà soutenue ailleurs (1). Nous montrions que tel était l'intérêt des élèves et des professeurs, comme l'intérêt du pays, que c'était le seul moyen de supprimer ces lamentables « queues de classe », — qui déshonorent nos lycées, où l'énergie des enfants achève de s'user dans l'habitude têtue de la fainéantise, où vient s'épuiser, quoi qu'elle fasse, la bonne volonté des maîtres, où se recrute finalement le bataillon des fruits secs dont s'encombrent plus tard les officielles sinécures. Nous montrions en même temps qu'en Allemagne une administration mieux armée pour défendre les vrais intérêts nationaux n'hésitait pas à recourir, à la fin de chaque classe, à de semblables sévérités, que tout élève n'ayant pas les notes requises devait redoubler sa classe, et, s'il se montrait encore insuffisant à la fin de la deuxième année, quitter le lycée et faire autre chose.

(1) Voir la *Parole Républicaine* de mars 1905.

« Nous demandons, disions-nous en matière de conclusion, nous demandons qu'on fasse preuve, au moins une fois dans le cours des études, au passage du premier au deuxième cycle, d'une semblable sévérité. Mais le recrutement? dira-t-on; comme si l'unique but était d'avoir le plus d'élèves possible. Le deuxième cycle préparant les jeunes gens à un certain nombre de professions pour lesquelles, apparemment, l'instruction qu'il donne est utile, s'imagine-t-on faire merveille en dirigeant vers ces professions des jeunes gens que cette instruction dépasse? Au reste, ces professions ne manquent pas d'hommes, elles en ont trop. Et, si vous en voulez davantage, il ne manque pas sans doute dans nos écoles primaires et primaires supérieures d'enfants qui auraient l'intelligence et le zèle. Appelez-les, facilitez-leur plus que jamais l'entrée du lycée, l'entrée du deuxième cycle, quand ils le méritent. Et laissez à la porte les non-valeurs, d'où qu'elles viennent. Non-valeurs au lycée, ce serait peut-être d'éminentes, ou tout au moins de suffisantes valeurs ailleurs.

Ainsi soit-il!... Mais soyons justement sévères. C'est le seul moyen de faire produire à la récente réforme, par delà ses effets scolaires, toutes ses conséquences économiques et sociales ».

Ce que nous disions alors, nous ne pouvons que le répéter aujourd'hui. Car c'est toujours une vérité, ni moins évidente, ni moins méconnue. Et qu'on ne nous accuse pas de toujours frapper sur les même clous. On n'a pas encore trouvé de meilleur moyen pour les enfoncer ; et c'est avec ces clous-là que nous voudrions pouvoir enfermer définitivement dans leur bière, avec la sacro-sainte routine, leur toute puissante protectrice, l'égoïsme étroit, le privilège et l'iniquité.

TABLE DES MATIÈRES

Acta non verba.......................... pages 3

Première Partie

Pourquoi et comment il faut unifier l'enseignement

I. L'égalité devant l'enseignement... 9
II. L'unification du primaire......... 14
III. L'enseignement pratique au lycée et la concurrence de l'enseignement primaire supérieure...... 18
IV. L'enseignement primaire supérieur et le système des cycles........ 25

Deuxième Partie

Compléments et Discussions

I. L'autonomie du primaire ou l'unification de l'Université.......... 39
II. La gratuité de l'enseignement secondaire et l'encombrement des carrières libérales............ 57

Poligny, imp. A. Jacquin

ÉDITIONS

DES

Annales de la Jeunesse Laïque

LA MUE, roman, par Louis Bertrand. Un volume in-18 de 300 pages. Franco.................. 2 fr. »»

GUERRE ET MILITARISME, opinions. Un vol. in-8° jésus de 250 pages. Franco................ 2 50

VERS L'HARMONIE UNIVERSELLE, par Georges Béret. Une forte brochure. Franco...... 0 50

L'IDÉE DE L'ENSEIGNEMENT LAIQUE, par Louis Havet. Brochure in-18. Franco........... 0 30

LA QUESTION RELIGIEUSE, par Charles Lejeune. Un numéro hors série des *Annales*, 40 pages grand in-8° jésus. Franco............... 0 50

LA QUESTION DES RACES, par le même, numéro hors série des *Annales*, 40 pages, grand in-8° jésus. Franco............................... 0 50

LE II° CONGRÈS DES JEUNESSES LAIQUES, Paris 1904, brochure in-18 de 200 pages. Franco.... 2 »»

LE IV° CONGRÈS DES JEUNESSES LAIQUES, Tours, 1905, numéro hors série des *Annales*. Franco... 0 50

En vente aux bureaux des ANNALES, 85, Grande-Rue, à Poligny (Jura).

www.ingramcontent.com/pod-product-compliance
Lightning Source LLC
LaVergne TN
LVHW051502090426
835512LV00010B/2302